AF384743

LIBRAIRIE
ECCLESIASTIQUE
de TOULOUSE & TARANNE
33, R. Cassette, PARIS.

CANTIQUE,

PRIERES

ET

ORAISONS,

A RÉCITER

PENDANT L'ORAGE.

ORAISON contre le Tonnerre,
& tous autres périls & dangers.

JEsus-Christus ✝ Rex gloriæ ✝, vivit in pace ✝, Deus homo factus est : Verbum caro factum est : Christus de Virgine : Christus per medium illorum cùm ibat in pace : Christus crucifixus est : Christus mortuus est : Christus resurrexit : Christus ascendit : Christus regnat : Christus ab omni fulgure nos defendat : Verbum caro factum est : Christus nobiscum est ! Amen.

ORAISON

A Notre-Seigneur Jesus-Christ, pour être préservé de mort subite.

ADorable Jesus ! ce font mes péchés qui vous ont fait mourir & attacher à une Croix : ce font mes péchés qui vous ont percé la tête de ces épines, & mis ces cloux aux pieds & aux mains : ah ! mon Dieu, je promets de ne plus vous offenser; j'en fais une protestation fincère, & je vous prie au nom de ce fang précieux que vous avez versé pour moi, de me pardonner toutes mes offenfes paffées : ce panchement

de tête que vous avez fait en expirant,
c'eſt le ſigne efficace de votre bonté
toute-puiſſante. Agréez donc, ô mon
adorable Jeſus, ma bonne réſolution,
afin que je ſois préſervé de mort ſubite,
& qu'à l'heure de mon trépas, je puiſſe
dire autant de cœur que de bouche :
Jêſus, ſoyez-moi Jéſus à jamais. Ainſi
ſoit-il.

Sainte Barbe, Sainte Fleur, par le
mérite de la Croix de mon Sauveur ; par-tout où l'on vous invoquera,
jamais le Tonnerre ne tombera.

*Il faut dire ces paroles trois fois, &
chaque fois réciter le Pater noſter, &
l'Ave Maria.*

*Il faut dire la premiere Oraiſon trois
fois de ſuite quand il tonne, ou lorſ-
qu'on eſt en quelque autre péril ou dan-
ger, & il faut faire le ſigne de la Croix
autant de fois qu'il y a de Croix mar-
quées au commencement de cette Oraiſon.*

ORAISON

Contre tous les Ennemis visibles &
invisibles.

MOn Dieu, soyez-moi propice ;
convertissez-moi, misérable pé-
cheur que je suis. Gardez moi tous les
jours de ma vie. Dieu d'Abraham, Dieu
d'Isaac, Dieu de Jacob, ayez pitié de
moi ; envoyez saint Michel Archange à mon secours, qui me défende &
me protége contre mes ennemis. Saint
Michel Archange, défendez-moi dans
le combat, afin que je ne périsse pas
en ce jour épouventable du jugement

A iij

dernier. O Saint Michel Archange ! par la grace que vous avez méritée, secourez moi dans ce périlleux passage. S. Gabriel, Saint Raphael, tous les Anges & Archanges, secourez moi. Je vous conjure, toutes les Vertus du Ciel, de me donner aide, force & puissance, afin que le démon ne me puisse nuire en cette vie, ni par eau, ni par feu, qu'il ne me puisse gréver ni opprimer soit en veillant ou en dormant : préservez moi de mort subite. Voici la Croix du Sauveur, fuyez, Puissances des ténébres. Le Lion de la Tribu de Juda a tout vaincu. Tour de David, Sauveur du monde, qui nous avez rachetés par votre Croix au prix de votre Sang adorable, sauvez-nous, donnez-nous secours. Dieu saint, Dieu fort, Dieu immortel, ayez pitié de nous, nous vous en prions. Croix du Sauveur, sauvez-nous. Croix de Jésus-Christ, protégez-nous. Croix de Jésus-Christ, défendez-nous, & nous donnez secours contre tous nos ennemis. Au nom du Pere & du Fils, & du Saint-Esprit. Ainsi soit-il,

ACTIONS DE GRACES
Après le Tonnerre.

O Dieu Tout-Puissant, qui gouvernez & qui commandez le Ciel, la Mer & la Terre, moi pauvre misérable créature, prosternée au pied de votre souveraine grandeur, pour reconnoître votre autorité & mon néant, je vous remercie de la faveur que vous venez de me faire, en me sauvant des malheurs & dangers que mes péchés ont mérités.

Que vous ai-je fait, ô mon Dieu! & pourquoi avez-vous plus d'amour pour moi que pour ceux & celles qui ont misérablement péri en pareils dangers: Combien de Campagnes ravagées, de Maisons ruinées, d'Humains écrasés & péris par la force des orages, des grêles, des foudres & des tempêtes. Ah! Seigneur, mille graces & mille louanges vous soient à jamais rendues de la préférence que vous faites de mon bonheur au malheur des autres.

Que tout vous rende honneur & hommage pour moi, afin, Seigneur Dieu, que moi, & tous ceux m'appartiennent soient dorénavant préservés de tous dangers, par la vertu de la sainte & miraculeuse Oraison que vous nous avez laissée pour marque de votre amour, & de la bonté que vous avez pour les Hommes. Que toutes louanges vous soient donc rendues pour le tems de l'Eternité. Ainsi soit il.

ORAISON

A Notre-Seigneur Jesus Christ, pour qu'il nous soit favorable au jour du Jugement.

JE vais réciter cinq *Pater* & cinq *Ave* à l'honneur des cinq playes de Notre-Seigeur Jesus-Christ, qu'il a reçues à son Corps adorable, afin qu'au jour du Jugement il me soit favorable. Mon Dieu, faites en sorte que je puisse recouvrer & conserver la grace de mon Baptême. Sainte Vierge, vous qui êtes la Reine des Vierges, prenez-moi, s'il vous plaît, sous votre sainte protection. Mon bon Ange, je vous remercie du charitable soin que vous avez eu de moi jusqu'à présent ; continuez-le jusqu'à l'heure de ma mort. Sainte Trinité, je vous adore, je me jette entre les bras de votre divine Providence, je vous de-

mande votre sainte bénédiction, votre
amour & la grace de parvenir au cé-
leste séjour. Je vous adore, ô mon Dieu,
avec tout le respect & l'humilité qu'il
m'est possible. Mon Dieu, je me re-
connois indigne de paroître devant
vous à cause de mes péchés qui sont
sans nombre, je vous en demande par-
don de tout mon cœur. Esprit Saint,
vous qui êtes le maître de l'Oraison,
enseignez moi à la bien faire, préser-
vez-moi de toutes distractions qui me
pourroient arriver. Mon Dieu, ouvrez
ma bouche pour louer votre saint
Nom, purifiez mon cœur de toutes
mauvaises pensées, vaines & inutiles;
éclairez mon entendement ; échauffez
ma volonté, afin que je puisse digne-
ment & dévotement réciter cette Prie-
re, & que ce soit pour votre plus gran-
de gloire & pour le salut de mon ame.
Ainsi soit-il.

CANTIQUE,

Air *de Joconde.*

CHrétiens , confidérons les fléaux
Dont Dieu punit nos crimes :
Depuis long-tems de mille maux
Nous fommes les victimes ;
Dieu , pour nous rendre pénitens,
Nous châtie en bon pere ;
Nous l'offenfons inceflamment ,
Malgré tant de mifere.

L'on ne connoît plus les faifons,
Elles font en défordre :
Le Printems n'a que des glaçons ,
L'Eté n'eft plus dans l'ordre ,
L'Automne glace le raifin ,
L'Hiver par fa froidure,
Fait que l'on enfemence en vain,
Et que chacun murmure.

On ne voit plus de charité ,
Ni foi , ni confcience :
Dieu a raifon d'etre irrité ,
D'exercer fa vengeance ;
On fe rit des Prédicateurs ,
On s'ennuie à l'Eglife :
On blâme encor les Confeffeurs ,
Et même on les méprife.

Les Gens de bien font opprimés,
On ne voit que rapine ,
Et que chicaneurs acharnés

Pour mettre à la famine
La veuve comme l'orphelin :
Le Payfan fans fcience ;
Chacun s'attrape, & le plus fin
Met l'autre à l'indigence.

Le Riche a un cœur de rocher
Envers le miférable :
Ses cris, bien loin de le toucher,
Le rendent inexorable ;
Se prévalant de fon befoin,
Il lui vend à ufure,
Plus de crédit, l'on n'en fait point
Qu'en hypothèque fûre.

Les Pafteurs ont beau s'écrier
De faire pénitence ;
Qu'il faut prier Dieu & jeûner
Pour calmer fa vengeance :
Rien n'arrête les malheureux,
Le plaifir les entraîne ;
Si le Seigneur n'a pitié d'eux,
Leur perte eft très-certaine.

Faites, grand Dieu, que les pécheurs
Vivent & fe convertiffent,
Et qu'ils écoutent avec ferveur
Ceux qui les avertiffent :
On leur parle de votre part,
Mais ils reftent infenfibles,
Je crains qu'en vous cherchant trop tard,
Ils vous trouvent infléxible.

FIN.

PAr Lettres de Permission du dixième Septembre 1756, le Roi a permis la réimpression des *Cantiques Spirituels*; lesquelles ont été regiſtrées ſur le Regiſtre des Libraires & Imprimeurs de Paris, le 1. Décembre de la même année.

De l'Imprimerie de VALLEYRE l'aîné,
rue de la vieille Bouclerie.

D. V. p^{te} em

BIBLIOTHEQUE NATIONALE DE FRANCE
3 7531 04324561 3

www.ingramcontent.com/pod-product-compliance
Ingram Content Group UK Ltd.
Pitfield, Milton Keynes, MK11 3LW, UK
UKHW021204140726
13695UKWH00005B/2321